青少年的民法典

插图版

本书编写组 / 编

法律出版社 LAW PRESS · CHINA

编写说明

民法典是新中国成立以来第一部以“法典”命名的法律，是新时代我国社会主义法治建设的重大成果，在中国特色社会主义法律体系中具有重要地位，是一部固根本、稳预期、利长远的基础性法律。

中央宣传部、中央组织部、中央政法委、中央网信办、全国人大常委会办公厅、教育部、司法部、全国普法办等部门联合印发通知，部署开展民法典学习宣传工作。通知要求，要在全社会大力营造尊法、学法、守法、用法的浓厚氛围，推动民法典进机关、进乡村、进社区、进学校、进企业、进单位，推动民法典融入人民群众的日常生活。

为了给全社会学习民法典提供好读、实用的普法读物，我们组织编写了“走进民法典”丛书。根据通知要求和读者对象阅读需求的不同，我们开展分众化图书策划，有针对性地编写了《居民的民法典（插图版）》《村民的民法典（插图版）》《青少年的民法典（插图版）》《领导干部的民法典（插图版）》《企业的民法典（插图版）》五本图书。

本丛书针对民法典的新规定、新概念、新精神，包括“绿色民法典”“离婚冷静期”“头顶的安全”“自甘风险的行为”“夫妻共同债务的认定”“物业管理新规”等，进行了重点关注和介绍。

本丛书采用以案说法的形式，案例源于真实生活，既利于读者学习理解，又便于学以致用，解决生活中的法律问题。

本丛书在形式上注意趣味性和知识性的结合。每一个案例都以故事的形式展现，配以场景化的生动插图，避免读者因为法律语言过于生涩而对学习民法典产生畏惧。

本丛书在资料的选取上，力求覆盖特定群体应知应会的关键问题，既包括最新的热点规定，也包括民事法律传统的重要规定；既有细致的法律规定，也有核心的法律原则要义，有助于读者全面学习掌握民法典核心内容。

希望本丛书的出版能够引起更多读者学习民法典的兴趣，培养遇事找法的习惯，让民法典走到群众身边、走进群众心里。由于编者能力所限，难免存在疏漏和不尽如人意的地方，敬请读者批评指正。

编者

2020 年 9 月

目　录 Contents

·概述篇·

民法典的内容 / 003

民法典的立法目的和依据 / 004

民事权利的分类 / 005

自然人的民事权利能力伴随其生命的始终 / 006

民事权利与青少年的生活息息相关 / 007

民法典中的年龄——胎儿 / 008

民法典中的年龄——成年人 / 009

无民事行为能力人、限制民事行为能力人与法定代理人 / 010

生活中的合同无处不在——买卖合同 / 011

生活中的合同无处不在——客运合同 / 012

生活中的合同无处不在——赠与合同 / 013

生活中的合同无处不在——存储合同 / 014

生活中的合同无处不在——租赁合同 / 015

民事责任——正当防卫 / 016

民事责任——自愿救助 / 017

民法典关于结婚年龄的规定 / 018

民法典规定的婚姻家庭道德规范 / 019

民法典规定的近亲属 / 020

民法典关于继承顺序的规定 / 021

民法典保护民事权利不受侵害 / 022

注意个人信息的保护 / 023

民法典对合法权利的保护是有期限的 / 024

未成年人遭受性侵有特别时效规定 / 025

法律对未成年人的保护 / 026

·问答篇·

第一编　总则

01　父母不承担对未成年子女抚养、教育和保护的义务，会违反民法典的规定吗？ / 031

02　8 周岁以上的未成年人大额游戏充值、打赏主播，父母可以要求退款吗？ / 032

03　8 周岁以上的未成年人纯获利益的行为有效吗？ / 033

04　不满 8 周岁的未成年人可以自己实施买玩具的行为吗？ / 034

05　不满 8 周岁的未成年人可以自己收压岁钱吗？ / 035

06　不满 8 周岁的未成年人怎样行使继承权？ / 036

07　无民事行为能力、限制民事行为能力的未成年人的法定代理人是谁？ / 037

08　未成年人的父母已经死亡或者没有监护能力的，由谁担任监护人？ / 038

09　有多个具有监护资格的人的，如何确定监护人？ / 039

10　因突发事件等紧急情况，监护人暂时无法履行监护职责，被监护人的生活处于无人照料状态的，怎么办？ / 040

11　父母长期家暴未成年人子女的，可以撤销其监护人资格吗？ / 041

12　监护人怠于履行监护职责，导致被监护人处于危困状态的，可以撤销其监护人资格吗？ / 042

13 依法负担被监护人抚养费的父母被人民法院撤销监护人资格后，还要继续履行负担抚养费的义务吗？ / 043

第二编　物权

14 损害他人物品的，应该承担什么责任？ / 047
15 小朋友对自己拥有的物品享有什么权利呢？ / 048
16 在楼房内居住的人，在行使自己权利的过程中应该注意什么呢？ / 049
17 不按照垃圾分类要求投放垃圾违反民法典的规定吗？ / 050
18 违反国家规定排放大气污染物是违反民法典规定的行为吗？ / 051
19 对拾金不昧这一传统美德，民法典是怎么规定的？ / 052
20 民法典新增的“居住权”是如何设立和行使的呢？ / 053

第三编　合同

21 民法典有直接规定交水费的义务吗？ / 057
22 逾期不支付电费的，供电人可以中止供电吗？ / 058
23 承租人可以自行维修租赁的房屋吗？ / 059
24 房屋在租赁期限内被卖出的，新房主有权让原承租人搬走吗？ / 060
25 高铁上“霸座”违反民法典的规定吗？ / 061
26 民法典有没有对“无票乘坐”“超程乘坐”等行为进行规范？ / 062
27 关于旅客行李中夹带危险物品，且不听承运人劝阻坚持携带的，承运人可以拒绝运输吗？ / 063
28 买东西时发现误放入购物袋里未结算的东西时，应退回商家吗？ / 064
29 在没有义务的情况下为他人管理事务的，可以要求受益人偿还必要费用吗？ / 065

第四编 人格权

30 死者的人格权受到侵害的，生者可以请求行为人承担民事责任吗？ / 069

31 人格权受到他人侵害的，有哪些请求权来保护自己？ / 070

32 因他人违约，人格权遭到损害并遭受严重精神损害的，可以要求精神损害赔偿吗？ / 071

33 什么是性骚扰？民法典规定了哪些预防、处理性骚扰的制度？ / 072

34 超市等经营场所可以搜查客户的身体吗？ / 073

35 未经他人许可使用他人名字做广告，是否构成侵权？ / 074

36 “AI 换脸”侵害人格权吗？ / 075

37 什么是名誉权？民法典是如何保护公民的名誉权的？ / 076

38 什么是荣誉权？民法典是如何保护公民的荣誉权的？ / 077

39 什么是隐私？民法典是如何保护公民的隐私权的？ / 078

40 反复打电话、发信息推销产品的人给别人的生活带来不便，其行为是否违反了民法典的规定？ / 079

41 什么是个人信息？民法典如何保护自然人的个人信息？ / 080

第五编 婚姻家庭

42 父母不履行抚养义务的，未成年子女有要求父母给付抚养费的权利吗？/ 083

43 未成年子女造成他人损害的，父母应当依法承担民事责任吗？ / 084

44 子女可以干涉父母离婚、再婚吗？ / 085

45 非婚生子女与婚生子女享有的权利一样吗？ / 086

46 不直接抚养非婚生子女的生父或者生母，应当负担未成年子女的抚养费吗？ / 087

47 继父母和继子女之间有怎样的权利义务关系？ / 088

48 有负担能力的祖父母、外祖父母，对于父母已经死亡或者父母无力抚养的未成年孙子女、外孙子女，有抚养的义务吗？ / 089

49 父母离婚之后，不直接抚养子女的一方应当承担抚养费吗？ / 090

50 父母与子女间的关系因父母离婚而消除吗？ / 091

51 离婚后，子女由一方直接抚养的，另一方应当负担抚养费吗？ / 092

52 离婚后，不直接抚养子女的一方如何行使探望子女的权利？ / 093

53 父或者母探望子女，不利于子女身心健康的，可以要求其中止探望吗？ / 094

54 丧失父母的孤儿可以被收养吗？ / 095

55 收养的条件是什么？ / 096

56 收养人在被收养人成年以前可以解除收养关系吗？ / 097

57 收养人不履行抚养义务，有虐待、遗弃等侵害未成年养子女合法权益行为的，送养人应该怎么办？ / 098

第六编　继承

58 继承人可以放弃继承遗产吗？ / 101

59 什么情形下继承人会丧失继承权？ / 102

60 有些地方有财产、“传男不传女”的传统，女孩有继承权吗？ / 103

61 儿子早逝，孙子能代替父亲继承爷爷的财产吗？ / 104

62 对被继承人尽了主要扶养义务或者与被继承人共同生活的继承人，分配遗产时，可以多分吗？ / 105

63 遗嘱有哪些形式？有多份遗嘱的，以哪一份为准呢？ / 106

第七编　侵权责任

64 自愿参加具有一定风险的文体活动受伤的，其他参与者要承担侵权责任吗？ / 109

65 紧急情况下，可以进行自力救济吗？ / 110
66 造成他人人身损害的，应当承担哪些赔偿费用？ / 111
67 心爱的物品被人损坏，精神上也受到严重损害的，可以要求损坏人赔偿吗？ / 112
68 侵害他人财产的，应该如何计算财产损失呢？ / 113
69 无民事行为能力人、限制民事行为能力人造成他人损害的，如何承担侵权责任？ / 114
70 利用网络侵害他人民事权益的，应当承担侵权责任吗？ / 115
71 在宾馆、商场等地方受到损害，可以要求宾馆、商场承担侵权责任吗？ / 116
72 无民事行为能力人在学校受到老师的侵害，可以要求学校承担责任吗？ / 117
73 学生在辅导班学习期间受到人身损害的，辅导班要承担侵权责任吗？ / 118
74 学生在学校被第三人伤害的，谁来承担侵权责任？ / 119
75 购买的产品存在缺陷并因此受到损害的，应当要求生产者还是销售者赔偿？ / 120
76 机动车发生交通事故造成损害，且属于机动车一方责任的，应当如何赔偿？ / 121
77 无偿搭乘别人的车受到损害的，可否要求开车人赔偿？ / 122
78 患者因为医生的过错受到损害的，应当由谁承担赔偿责任？ / 123
79 医生在正常诊疗活动中遇到“医闹”，可以要求其承担法律责任吗？ / 124
80 因为环境污染受到损害，可以要求侵权人承担责任吗？ / 125
81 未经许可进入高度危险活动区域，导致自己受伤的，还能要求管理人承担责任吗？ / 126
82 故意逗弄别人的宠物，导致自己受伤的，宠物主人可以拒绝承担责任吗？ / 127
83 遗弃的小动物把人咬伤的，谁来承担责任？ / 128
84 从楼上扔东西，造成他人损害的，要承担责任吗？ / 129
85 被果树上掉下的果子、树枝砸伤，应该找谁承担责任？ / 130

概述篇

民法典的内容

民法典分 7 编及附则，共 1260 条，被称为“社会生活的百科全书”。

总则编规定民事活动必须遵循的基本原则和一般性规则，统领民法典各分编。

物权编规定了物权——民事主体依法享有的重要财产权的相关法律制度。物权法律制度调整因物的归属和利用产生的民事关系。

合同编对合同制度做了规定，包括合同的一般性规定、19 类典型合同、无因管理和不当得利的一般性规则等。

人格权编坚持以人民为中心，规定民事主体对其特定的人格利益享有的权利，与每个人的人格尊严密切相关，是民事主体最基本、最重要的权利。

婚姻家庭编调整婚姻家庭关系，涉及家家户户的利益，对于维护平等、和睦、文明的婚姻家庭关系发挥重要作用。

继承编调整的继承制度是关于自然人死亡后财富传承的制度。

侵权责任编规定了民事主体侵害他人权益时应当承担的法律后果。

民法典的立法目的和依据

2020 年 5 月 28 日，民法典由第十三届全国人民代表大会第三次会议表决通过，自 2021 年 1 月 1 日起实施。民法典是新中国成立以来第一部以“法典”命名的法律，是新时代我国社会主义法治建设的重大成果。

民法典规定，为了保护民事主体的合法权益，调整民事关系，维护社会和经济秩序，适应中国特色社会主义发展要求，弘扬社会主义核心价值观，根据宪法，制定本法。

民事权利的分类

民事权利是民事主体依法享有并受法律保护的利益范围或者实施某一行为（作为或不作为）以实现某种利益的可能性。根据权利所体现的利益的不同，民事权利可分为人身权和财产权两大类。人身权又包括人格权（生命权、健康权、身体权、人身自由权、婚姻自由权、姓名权、名称权、肖像权、名誉权、隐私权、荣誉权）和身份权（配偶权、亲权、亲属权）。财产权又包括物权、债权、继承权和知识产权。

自然人的民事权利能力伴随其生命的始终

有一种说法是，民法典保护了公民从摇篮到坟墓的所有权利。民法典规定，自然人从出生时起到死亡时止，具有民事权利能力，依法享有民事权利，承担民事义务。一个人的民事权利和民事义务伴随其生命的始终，并不因年幼或年老、聪明或愚笨、富贵或贫贱等而有任何不同。

民事权利与青少年的生活息息相关

从人身自由、人格尊严，到健康、名誉、个人信息；从书包里的书本、文具，到居住的房子，再到游戏账号等网络虚拟财产……民事主体都享有相关权利。

民法典中的年龄——胎儿

民法典对一些特殊年龄有规定：胎儿，8 周岁，16 周岁，18 周岁……

那么，民法典规定的胎儿权利有哪些呢？

根据民法典的规定，涉及遗产继承、接受赠与等胎儿利益保护的，胎儿视为具有民事权利能力。但是，胎儿娩出时为死体的，其民事权利能力自始不存在。

民法典中的年龄——成年人

那么，多少岁为成年人？

民法典规定，18 周岁以上的自然人为成年人。不满 18 周岁的自然人为未成年人。成年人有了一定的阅历、经验、知识和判断能力，可以独立生活和工作；未成年人身体、心智没有完全成熟，需要法律等特殊保护。成年人不仅可以独立行使更多权利，也要独立承担更多的义务。

无民事行为能力人、限制民事行为能力人与法定代理人

民法典中有许多我们日常生活中很少听到的陌生词语，如“无民事行为能力人”“限制民事行为能力人”“法定代理人”。这些词在本书“问答篇”中也会出现。所以什么样的人是无民事行为能力人、限制民事行为能力人？哪些未成年人行为离不开法定代理人？

民法典规定，不满 8 周岁的未成年人及 8 周岁以上不能辨认自己行为的未成年人为无民事行为能力人，由其法定代理人代理实施民事法律行为。

8 周岁以上的未成年人为限制民事行为能力人，实施民事法律行为由其法定代理人代理或者经其法定代理人同意、追认，但 16 周岁以上的未成年人，以自己的劳动收入为主要生活来源的，视为完全民事行为能力人，无须法定代理人代理实施民事行为。

（民法典第 18~21 条）

生活中的合同无处不在——买卖合同

说到“合同”，青少年们可能会想到商人之间西装革履的会面，并签订书面协议，因此与自己的生活很遥远。但其实，生活中的“合同”无处不在。

哪怕只是在文具店里购买一支钢笔，其实也是消费者与商家之间订立了买卖合同。

（民法典第 595 条规定，买卖合同是出卖人转移标的物的所有权于买受人，买受人支付价款的合同。）

生活中的合同无处不在——客运合同

平常乘坐公交、地铁，或者乘坐高铁等，实质上都是订立了客运合同。
（民法典第 809 条规定，运输合同是承运人将旅客或者货物从起运地点运输到约定地点，旅客、托运人或者收货人支付票款或者运输费用的合同。）

生活中的合同无处不在——赠与合同

同学之间赠送一块橡皮、一支笔，实质上就订立了赠与合同。（民法典第 657 条规定，赠与合同是赠与人将自己的财产无偿给予受赠人，受赠人表示接受赠与的合同。）

生活中的合同无处不在——存储合同

平常在超市存包处存放自己的物品，实质上就是订立了存储合同。

（民法典第 888 条规定，保管合同是保管人保管寄存人交付的保管物，并返还该物的合同。寄存人到保管人处从事购物、就餐、住宿等活动，将物品存放在指定场所的，视为保管，但是当事人另有约定或者另有交易习惯的除外。）

生活中的合同无处不在——租赁合同

有的人和爸爸妈妈一起租房子住，实质上是爸爸妈妈与出租人订立了租赁合同。

（民法典第 703 条规定，租赁合同是出租人将租赁物交付承租人使用、收益，承租人支付租金的合同。）

民事责任——正当防卫

除了这么多的权利，民法典关于民事责任也有规定，其中对于一些民事责任豁免的情况也有规定。例如，民法典第 181 条规定，因正当防卫造成损害的，不承担民事责任。正当防卫超过必要的限度，造成不应有的损害的，正当防卫人应当承担适当的民事责任。

民事责任——自愿救助

关于见义勇为的行为，民法典明确了自愿救助行为下行为人受损害、造成受助人损害时责任承担的问题，对于鼓励见义勇为、保护救助人有积极意义。

民法典第 183 条规定，因保护他人民事权益使自己受到损害的，由侵权人承担民事责任，受益人可以给予适当补偿。没有侵权人、侵权人逃逸或者无力承担民事责任，受害人请求补偿的，受益人应当给予适当补偿。

第 184 条规定，因自愿实施紧急救助行为造成受助人损害的，救助人不承担民事责任。

法律鼓励见义勇为行为，但在实施救助行为时，一定要在保证自身安全的情况下量力而行。

民法典关于结婚年龄的规定

婚姻家庭关系也是民法典规定的重要内容之一。

民法典明确规定了我国的结婚年龄，即男不得早于 22 周岁，女不得早于 20 周岁。

民法典规定的婚姻家庭道德规范

民法典明确规定，家庭应当树立优良家风，弘扬家庭美德，重视家庭文明建设。

夫妻应当互相忠实，互相尊重，互相关爱；家庭成员应当敬老爱幼，互相帮助，维护平等、和睦、文明的婚姻家庭关系。

民法典规定的近亲属

民法典规定，亲属包括配偶、血亲和姻亲。

配偶、父母、子女、兄弟姐妹、祖父母、外祖父母、孙子女、外孙子女为近亲属。

配偶、父母、子女和其他共同生活的近亲属为家庭成员。

民法典关于继承顺序的规定

每个人都有财产，死亡时就会产生继承。继承从被继承人死亡时开始。相互有继承关系的数人在同一事件中死亡，难以确定死亡时间的，推定没有其他继承人的人先死亡。都有其他继承人，辈分不同的，推定长辈先死亡；辈分相同的，推定同时死亡，相互不发生继承。

继承开始后，按照法定继承办理；有遗嘱的，按照遗嘱继承或者遗赠办理；有遗赠扶养协议的，按照协议办理。

法定继承要按照一定的顺序：(1) 第一顺序：配偶、子女、父母；(2) 第二顺序：兄弟姐妹、祖父母、外祖父母。继承开始后，由第一顺序继承人继承，第二顺序继承人不继承；没有第一顺序继承人继承的，由第二顺序继承人继承。

民法典保护民事权利不受侵害

民事权利受到侵害时，可以拿起法律武器维权。

无论是被他人伤害了身体（如划伤手指），还是被他人侵害了财产权（如损坏了玩具），都可以按照民法典的规定请求侵权损害赔偿。

注意个人信息的保护

现在有一些机构，会以玩具等小礼品为诱饵，从小孩口中骗取家长的个人信息。而自然人的个人信息受法律保护。大家要有个人信息保护意识！

民法典对合法权利的保护是有期限的

民法典保护民事主体的合法权利，但是这种保护并不是无限期的。所以，民法典中规定了诉讼时效。诉讼时效是指权利人在一定期间不行使权利，在该期间届满后义务人获得抗辩权，如在诉讼中提出抗辩则可以拒绝履行其义务的法律制度。

民法典规定，向人民法院请求保护民事权利的诉讼时效期间为 3 年。法律另有规定的，依照其规定。诉讼时效期间自权利人知道或者应当知道权利受到损害以及义务人之日起计算。法律另有规定的，依照其规定。但是，自权利受到损害之日起超过 20 年的，人民法院不予保护，有特殊情况的，人民法院可以根据权利人的申请决定延长。

未成年人遭受性侵有特别时效规定

对于未成年人遭受性侵的诉讼时效起算，民法典有特别规定，即未成年人遭受性侵害的损害赔偿请求权的诉讼时效期间，自受害人年满 18 周岁之日起计算。

法律对未成年人的保护

民法典规定，法律对未成年人的民事权利保护有特别规定的，依照其规定。除民法典外，我国有未成年人保护法和预防未成年人犯罪法两部专门法律，从多个方面具体规定了在保护未成年人方面的法律责任。另外，在刑法、义务教育法等法律法规中，都对保护未成年人作出了明确规定。青少年可以多多学习相关知识，学会用法律的武器保护自己的合法权益。

问答篇

第一编　总则

总则编规定民事活动必须遵循的基本原则和一般性规则，统领民法典各分编。

总则编与民法总则的结构和内容基本一致，只有个别条款作了文字修改。

民法通则是民事法律活动的一般规则，总则编的很多规定替代了民法通则的内容。

总则编共 10 章、204 条。

01 父母不承担对未成年子女抚养、教育和保护的义务，会违反民法典的规定吗？

小西今年 8 周岁。她的爸爸妈妈平时根本不管她的生活：爸爸每天出去工作、应酬，很少回家；妈妈每天不是出去购物，就是和朋友吃饭、打牌。二人曾两天没有回家，留小西一人在家。父母二人不照顾小西的行为是否违反民法典的规定？

民法典规定，父母对未成年子女负有抚养、教育和保护的义务。故小西的父母不承担对其抚养、教育和保护的义务，违反了民法典的规定。

民法典第26条第1款

02 8 周岁以上的未成年人大额游戏充值、打赏主播，父母可以要求退款吗？

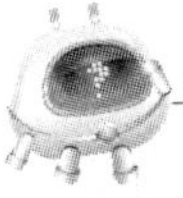

小明今年 12 周岁。最近他因迷恋某游戏主播，每天晚上花大量时间看该主播直播，甚至偷偷用妈妈的手机打赏该主播 5 万元。妈妈知道后很生气，她可以要求退款吗？

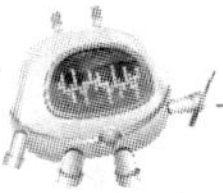

民法典规定，8 周岁以上的未成年人为限制民事行为能力人，实施民事法律行为由其法定代理人代理或者经其法定代理人同意、追认。小明消费 5 万元打赏主播的行为需要其法定代理人即其父母同意、追认，若小明妈妈不追认，则该行为是无效的，可以要求退款。

民法典第19条

03 8 周岁以上的未成年人纯获利益的行为有效吗？

小丽今年 10 周岁了，奶奶过年给了她 1000 元压岁钱。小丽可以自己收下吗？

民法典规定，8 周岁以上的未成年人为限制民事行为能力人，可以独立实施纯获利益的民事法律行为或者与其年龄、智力相适应的民事法律行为。小丽收压岁钱的行为是纯获利益的行为，故不需要父母同意或追认，其可以自己收下压岁钱。

民法典第19条

04 不满 8 周岁的未成年人可以自己实施买玩具的行为吗？

小良和奶奶一起去商场，随身带着自己的“小金库”。趁奶奶与他人交谈之际，小良被卖玩具的人吸引，并在对方引诱下掏钱买了一个高档玩具车。小良可以独自实施买玩具的行为吗？

民法典规定，不满 8 周岁的未成年人为无民事行为能力人，由其法定代理人代理实施民事法律行为。小良还不满 8 周岁，需要其法定代理人代理实施购买等民事法律行为。故小良不能独自实施买玩具的行为。

民法典第20条

05 不满 8 周岁的未成年人可以自己收压岁钱吗？

小兵今年 5 周岁了。过年远方大伯给了他 500 元压岁钱。小兵可以自己收这笔压岁钱吗？

民法典规定，不满 8 周岁的未成年人为无民事行为能力人，由其法定代理人代理实施民事法律行为。民法典没有规定不满 8 周岁的未成年人可以独立实施纯获利益的行为。故需其法定代理人即其父母代理他实施该行为。

民法典第20条

06 不满 8 周岁的未成年人怎样行使继承权？

小明今年 7 周岁，父母离异，二人都未再婚。其父亲在一次车祸中不幸丧生。小明家里有人讨论遗产继承的问题，听得他一头雾水。不满 8 周岁的未成年人怎样行使继承权呢？

民法典规定，自然人依法享有继承权，父母和子女有相互继承遗产的权利。同时，不满 8 周岁的未成年人为无民事行为能力人，由其法定代理人代理实施民事法律行为。因此，小明继承其父亲的遗产，需要由法定代理人即其母亲实施。

民法典第20条、第124条第1款、第1070条

07 无民事行为能力、限制民事行为能力的未成年人的法定代理人是谁？

不满 8 周岁的未成年人为无民事行为能力人、8 周岁以上的未成年人为限制民事行为能力人，他们实施民事法律行为需要法定代理人。那么，他们的法定代理人是谁呢？

民法典规定，无民事行为能力人、限制民事行为能力人的监护人是其法定代理人。民法典还规定，父母是未成年子女的监护人。故一般情况下，无民事行为能力、限制民事行为能力的未成年人的法定代理人是其父母。

民法典第23条、第27条第1款

08 未成年人的父母已经死亡或者没有监护能力的，由谁担任监护人？

小仙 10 周岁时，父母因意外双亡。小仙同祖父母一起生活。在小仙成年前，由谁担任其监护人呢？

民法典规定，未成年人的父母已经死亡或者没有监护能力的，由下列有监护能力的人按顺序担任监护人：（1）祖父母、外祖父母；（2）兄、姐；（3）其他愿意担任监护人的个人或者组织，但是须经未成年人住所地的居民委员会、村民委员会或者民政部门同意。故根据小仙的实际情况，应由小仙的祖父母担任其监护人。

民法典第27条第2款

09 有多个具有监护资格的人的，如何确定监护人？

小仙的外婆在其父母去世后，表示要担任小仙的监护人，照顾小仙的生活，刚好自己一人生活，小仙来了也能陪陪她。小仙的爷爷奶奶则表示，小仙从开始上小学起就住在他们家，应该由他们担任监护人。这种情况下，应该怎么确定小仙的监护人呢？

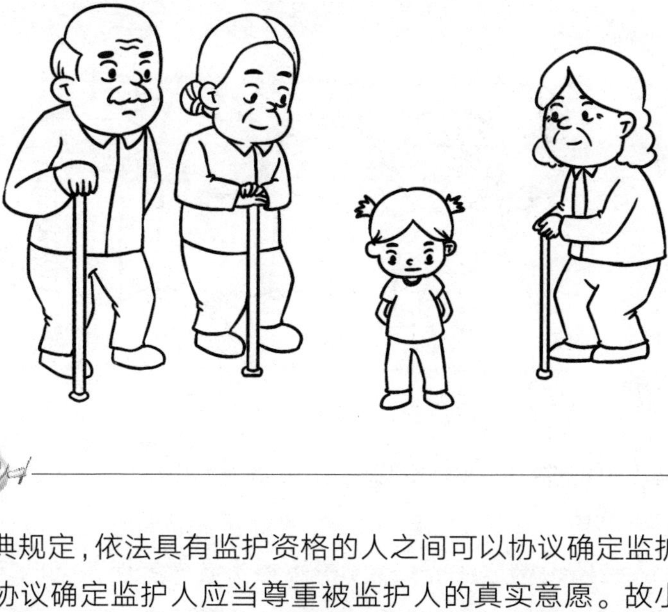

民法典规定，依法具有监护资格的人之间可以协议确定监护人。协议确定监护人应当尊重被监护人的真实意愿。故小仙的爷爷奶奶与外婆可以协商确定，同时应当尊重小仙的真实意愿。

民法典第30条

10 因突发事件等紧急情况，监护人暂时无法履行监护职责，被监护人的生活处于无人照料状态的，怎么办？

新冠肺炎疫情期间，小明的父母被集中隔离，其他亲戚都不在本地，不方便来照顾4岁的小明。此时应该由谁照顾小明呢？

民法典规定，因发生突发事件等紧急情况，监护人暂时无法履行监护职责，被监护人的生活处于无人照料状态的，被监护人住所地的居民委员会、村民委员会或者民政部门应当为被监护人安排必要的临时生活照料措施。故在本案情况下，当地居民委员会或民政部门应当为小明安排必要的临时生活照料措施。

民法典第34条第4款

11 父母长期家暴未成年人子女的，可以撤销其监护人资格吗？

小吉的父母离婚后，父亲长期家暴她，小吉的母亲可以申请撤销小吉父亲的监护人资格吗？

民法典规定，监护人实施严重损害被监护人身心健康的行为的，人民法院根据有关个人或者组织的申请，撤销其监护人资格，安排必要的临时监护措施，并按照最有利于被监护人的原则依法指定监护人。本条规定的有关个人、组织包括：其他依法具有监护资格的人，居民委员会、村民委员会、学校、医疗机构、妇女联合会、残疾人联合会、未成年人保护组织、依法设立的老年人组织、民政部门等。前款规定的个人和民政部门以外的组织未及时向人民法院申请撤销监护人资格的，民政部门应当向人民法院申请。小吉的父亲现在严重损害了小吉的身心健康，故包括其母亲在内的有关个人和组织可以申请撤销小吉父亲的监护人资格。

民法典第36条第1款第1项、第2款、第3款

12 监护人怠于履行监护职责，导致被监护人处于危困状态的，可以撤销其监护人资格吗？

小智今年刚上小学，他的妈妈沉迷赌博，每天出去玩，对小智不管不顾。小智每天乞求妈妈不要出去，她也置之不理，有一次甚至把小智一个人留在家里三天三夜，小智没有东西吃，只能生吃大米。这种情况下，可以撤销小智妈妈的监护人资格吗？

民法典规定，监护人怠于履行监护职责，导致被监护人处于危困状态的，人民法院根据有关个人或者组织的申请，撤销其监护人资格，安排必要的临时监护措施，并按照最有利于被监护人的原则依法指定监护人。小智妈妈怠于履行监护职责，导致小智处于危困状态，故有关个人和组织可以申请撤销小智妈妈的监护人资格。

民法典第36条第1款第2项

13 依法负担被监护人抚养费的父母被人民法院撤销监护人资格后，还要继续履行负担抚养费的义务吗？

因小红的爸爸长期家暴小红，小红妈妈与其离婚，小红与妈妈共同生活，法院亦撤销了小红爸爸的监护人资格。小红爸爸被撤销监护人资格后，还要履行负担小红抚养费的义务吗？

民法典规定，依法负担被监护人抚养费、赡养费、扶养费的父母、子女、配偶等，被人民法院撤销监护人资格后，应当继续履行负担的义务。故小红爸爸被撤销监护人资格后，还要继续履行负担小红抚养费的义务。

民法典第37条

第二编　物权

物权法律制度调整因物的归属和利用产生的民事关系。

物权是民事主体依法享有的重要财产权，关系到老百姓的切身利益。

民法典物权编在物权法的基础上完善而成。担保法的部分内容也体现在物权编中。

物权编共 5 个分编、20 章、258 条。

14 损害他人物品的，应该承担什么责任？

小武和小舞在一起玩儿，小舞把自己的新手机给小武看，小武手一滑，手机屏幕摔碎了。小舞哭了起来，要求小武赔偿。小武应该承担什么责任呢？

民法典规定，侵害物权，造成权利人损害的，权利人可以依法请求损害赔偿，也可以依法请求承担其他民事责任。小武损害了小舞的手机，给小舞带来损失，应当进行赔偿。

民法典第238条

15 小朋友对自己拥有的物品享有什么权利呢？

大雄的妈妈刚给他买了一辆自行车，大雄迫不及待要骑出去。刚到门口，就被邻居胖虎拦了下来，胖虎非要先骑一下大雄的自行车，大雄不愿意，胖虎就说，你妈妈没教过你，东西要跟朋友分享吗？大雄可以拒绝胖虎吗？大雄对自行车享有哪些权利呢？

民法典规定，所有权人对自己的不动产或者动产，依法享有占有、使用、收益和处分的权利。因此，大雄对自行车享有占有、使用、收益和处分的权利，他有权决定自行车给谁骑，不给谁骑，胖虎无权干涉。

民法典第240条

16 在楼房内居住的人，在行使自己权利的过程中应该注意什么呢？

快过年了，小彬的爸爸从外地买来很多花炮，准备过年的时候放花炮，好好庆祝一下。小彬连忙阻止他，“爸爸，烟花是危险物品，会影响大家的安全，不能放在家里”。小彬的爸爸说：“我自己的房子，我想放什么是我的权利。”小彬和爸爸谁的说法是正确的呢？

民法典规定，业主对其建筑物专有部分享有占有、使用、收益和处分的权利。业主行使权利不得危及建筑物的安全，不得损害其他业主的合法权益。小彬的爸爸作为这个房子的所有人，对房间内的专有部分享有占有、使用、收益和处分的权利。但是，在行使权利时，不得危及建筑物的安全，不得损害其他业主的合法权益。所以，小彬的说法是正确的。

民法典第272条

17 不按照垃圾分类要求投放垃圾违反民法典的规定吗？

一天小包和哥哥去扔垃圾，居委会大妈指导他做垃圾分类，小包满不在意，他还说，扔垃圾这种小事，学不会也没关系，又不会违法。那么，不按要求随意扔垃圾违反民法典的规定吗？

民法典规定，业主应当遵守法律、法规以及管理规约，相关行为应当符合节约资源、保护生态环境的要求。业主大会或者业主委员会，对任意弃置垃圾、排放污染物或者噪声、违反规定饲养动物、违章搭建、侵占通道、拒付物业费等损害他人合法权益的行为，有权依照法律、法规以及管理规约，请求行为人停止侵害、排除妨碍、消除危险、恢复原状、赔偿损失。业主或者其他行为人拒不履行相关义务的，有关当事人可以向有关行政主管部门报告或者投诉，有关行政主管部门应当依法处理。所以，不按照垃圾分类要求投放垃圾，违反了民法典的规定。

民法典第286条

18 违反国家规定排放大气污染物是违反民法典规定的行为吗？

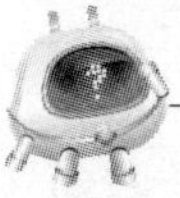

小文他们班正在上体育课，几阵大风刮过，从旁边的化工厂飘来刺鼻的气味，呛得小文他们纷纷捂住口鼻，没法上课了。小文所在学校的校长找到化工厂的负责人，要求他们停止排放大气污染物。化工厂的所有人违法了吗？

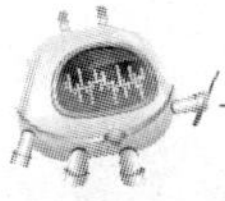

民法典规定，不动产权利人不得违反国家规定弃置固体废物，排放大气污染物、水污染物、土壤污染物、噪声、光辐射、电磁辐射等有害物质。因此，化工厂的所有人违反了民法典的规定，应当立即停止排放。

民法典第294条

19 对拾金不昧这一传统美德，民法典是怎么规定的？

小高是一名小学生，这一天上学路上，小高捡到了一个皮包，他打开皮包，发现里面有一沓钱，还有身份证、很多卡片和一张名片。小高想，丢了这么重要的东西，失主一定很着急，于是赶紧找到老师，给失主打电话送还钱包。那么，对于捡到别人的东西之后该怎么办，民法典是怎么规定的呢？

民法典规定，拾得遗失物，应当返还权利人。拾得人应当及时通知权利人领取，或者送交公安等有关部门。拾金不昧是中华民族的传统美德，民法典对此也予以了详细规定。

民法典第314条

20 民法典新增的“居住权”是如何设立和行使的呢？

老丁年事已高，孤身一人。老丁有一处学区房，她想卖掉房子给自己养老，但又担心晚年居无定所。小曼的爸爸正要给小曼买房上学，想购买老丁的房子。他们该怎么办呢？

民法典规定，居住权人有权按照合同约定，对他人的住宅享有占有、使用的用益物权，以满足生活居住的需要。因此，老丁可以把房子卖给小曼的爸爸，用卖房子所得房款给自己养老。同时，小曼的爸爸在房子上为老丁设立居住权，让老丁安享晚年。

民法典第366条

第三编　合同

合同制度是社会主义市场经济的基本法律制度。

合同是老百姓生活中必不可少的民事法律关系，可以说影响着我们每个人的生活。

民法典合同编在合同法的基础上完善而成。担保法的部分内容也体现在合同编中。

合同编共 3 个分编、29 章、526 条。

21 民法典有直接规定交水费的义务吗？

小刚的奶奶常迟交水费，因为她发现，即使迟交水费也从来没有停过水。小刚认为这种行为是不对的，常催促奶奶交水费。奶奶说，难道法律有规定吗？这可把小刚问住了。那么，民法典有直接规定交水费的义务吗？

民法典规定，用电人应当按照国家有关规定和当事人的约定及时支付电费。用电人逾期不支付电费的，应当按照约定支付违约金。供用水合同参照适用供用电合同的规定。故大家都应该及时支付水费，这样做才符合民法典的规定。

民法典第654条、第656条

22 逾期不支付电费的，供电人可以中止供电吗？

小张一家欠了电费，供电公司上门催缴过一次，小张不以为意，认为自己已经欠缴了却没有断电，现在不交电费也没有关系。某天晚上，小张一家在家吃饭时突然断电了。供电公司这种中止供电的做法符合民法典的规定吗？

民法典规定，用电人应当按照国家有关规定和当事人的约定及时支付电费。用电人逾期不支付电费的，应当按照约定支付违约金。经催告用电人在合理期限内仍不支付电费和违约金的，供电人可以按照国家规定的程序中止供电。供电人依据前款规定中止供电的，应当事先通知用电人。故本案中，供电公司在催告无果提前通知过小张的情况下，可以中止供电。

民法典第654条

23 承租人可以自行维修租赁的房屋吗？

小白一家租了张叔叔的房子住。最近水管漏水严重，张叔叔一家住在国外，不能回来维修。小白的爸爸提出要自己先出钱修缮。小白不明白，为什么爸爸要出钱修张叔叔的房子呢？

民法典规定，承租人在租赁物需要维修时可以请求出租人在合理期限内维修。出租人未履行维修义务的，承租人可以自行维修，维修费用由出租人负担。因维修租赁物影响承租人使用的，应当相应减少租金或者延长租期。故小白爸爸可以先修水管，之后再向张叔叔索要维修费用。

民法典第713条

24 房屋在租赁期限内被卖出的，新房主有权让原承租人搬走吗？

小欢一家租了一间房屋，租期为 1 年。可谁知刚住了 6 个月就有一名男子上门赶他们走，并声称自己已经买下了该房屋，有权将小欢一家赶走。该男子的做法符合民法典的规定吗？

民法典规定，租赁物在承租人按照租赁合同占有期限内发生所有权变动的，不影响租赁合同的效力。故房屋转让的行为不影响小欢一家的租赁合同，该男子的做法不符合民法典的规定。

民法典第725条

25 高铁上“霸座”违反民法典的规定吗？

小和在高铁上强行霸占小纪的座位，小纪找来乘务员并出示了自己的车票。小和不理睬乘务员和小纪，继续“霸座”不起。小和的行为违反了民法典的规定吗？

民法典规定，旅客应当按照有效客票记载的时间、班次和座位号乘坐。旅客无票乘坐、超程乘坐、越级乘坐或者持不符合减价条件的优惠客票乘坐的，应当补交票款，承运人可以按照规定加收票款；旅客不支付票款的，承运人可以拒绝运输。故小和“霸座”的行为违反了民法典的规定。

民法典第815条第1款

26 民法典有没有对“无票乘坐”“超程乘坐”等行为进行规范？

小黄和奶奶一起乘坐高铁。到了高铁站，奶奶说要买目的地前两站的票，这样可以省钱。小黄认为这样不对，说：“奶奶，咱们得按上下车车站买车票！”小黄的说法在民法典中有依据吗？

民法典规定，旅客无票乘坐、超程乘坐、越级乘坐或者持不符合减价条件的优惠客票乘坐的，应当补交票款，承运人可以按照规定加收票款；旅客不支付票款的，承运人可以拒绝运输。故小黄的说法是正确的，符合民法典的规定。

民法典第815条第1款

27 关于旅客行李中夹带危险物品，且不听承运人劝阻坚持携带的，承运人可以拒绝运输吗？

小明发现每天去上学的时候，地铁安检口安检员总会说："不可以携带易燃、易爆、有毒、有腐蚀性、有放射性等危险物品或者违禁物品。"他很好奇，民法典对此是否有规定呢？

民法典规定，旅客不得随身携带或者在行李中夹带易燃、易爆、有毒、有腐蚀性、有放射性以及可能危及运输工具上人身和财产安全的危险物品或者违禁物品。旅客违反前款规定的，承运人可以将危险物品或者违禁物品卸下、销毁或者送交有关部门。旅客坚持携带或者夹带危险物品或者违禁物品的，承运人应当拒绝运输。

民法典第818条

28 买东西时发现误放入购物袋里未结算的东西时，应退回商家吗？

小鑫在玩具店买东西，回家后发现购物袋里有一个玩具车是他没有结账、被误放进来的。小鑫将玩具车拿回玩具店，对售货员说：“阿姨，这个不是我买的，是误放在我袋子里的，我带来还给您！”小鑫的做法有民法典的依据吗？

民法典规定，取得的利益没有法律根据的是不当得利。得利人知道或者应当知道取得的利益没有法律依据的，受损失的人可以请求得利人返还其取得的利益并依法赔偿损失。对小鑫来说，这个玩具车是不当得利，其退回玩具车的做法是符合民法典规定的。

民法典第985条、第987条

29 在没有义务的情况下为他人管理事务的，可以要求受益人偿还必要费用吗？

小丽在公园里捡了一只受伤的小狗，便带回家照顾，花费检查治疗、狗粮等费用。几天后，小丽和妈妈遛狗时碰到一个小女孩，女孩说这只狗是她走失的宠物。小丽决定将狗还给女孩。此时小丽一家可以要求小女孩偿还为照顾小狗支出的费用吗？

民法典规定，管理人没有法定的或者约定的义务，为避免他人利益受损失而管理他人事务的，可以请求受益人偿还因管理事务而支出的必要费用。故小丽一家照顾了小女孩的狗并因此支付了费用，可以向其要求偿还为照顾小狗支出的费用。

民法典第979条

第四编　人格权

本编坚持以人民为中心，顺应人民群众对人格权保护的需求。人格权是民事主体享有的生命权、身体权、健康权、姓名权、名称权、肖像权、名誉权、荣誉权、隐私权等权利，关系到每一个人的切身利益。

与其他编在原有单行法基础上完善而成不同，本编属于新增内容。

人格权编共 6 章、51 条。

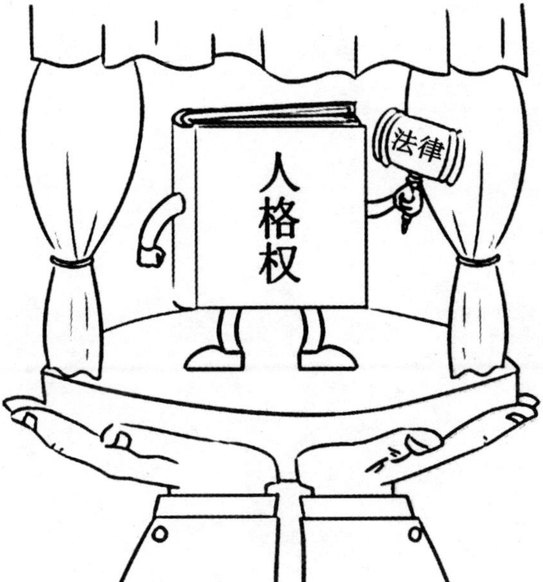

30 死者的人格权受到侵害的，生者可以请求行为人承担民事责任吗？

老齐因病去世，全家人都很伤心。这一天，其子小齐在某网站上看到一篇文章诽谤自己的父亲，这篇文章编造故事丑化了老齐的形象。小齐可以请求侵权人承担民事责任吗？

民法典规定，死者的姓名、肖像、名誉、荣誉、隐私、遗体等受到侵害的，其配偶、子女、父母有权依法请求行为人承担民事责任；死者没有配偶、子女且父母已经死亡的，其他近亲属有权依法请求行为人承担民事责任。故小齐作为死者的子女，可以请求行为人承担民事责任。

民法典第994条

31 人格权受到他人侵害的，有哪些请求权来保护自己？

胖虎总是打骂大雄，给大雄造成很大的身心伤害，大雄一直忍气吞声。大雄的好朋友哆啦实在看不过去，告诉了老师。老师对胖虎进行了批评教育，并要求胖虎向大雄赔礼道歉。大雄的人格权被侵害，他有哪些请求权来保护自己？

民法典规定，人格权受到侵害的，受害人有权依照本法和其他法律的规定请求行为人承担民事责任。受害人的停止侵害、排除妨碍、消除危险、消除影响、恢复名誉、赔礼道歉请求权，不适用诉讼时效的规定。作为受害人，大雄可以要求胖虎停止侵害、赔礼道歉等。

民法典第995条

32 因他人违约，人格权遭到损害并遭受严重精神损害的，可以要求精神损害赔偿吗？

小美去饭店吃火锅，由于饭店使用劣质的液化气，造成爆炸，导致小美毁容。因为毁容，小美在学校被同学嘲笑，心理受到巨大创伤，不久就患上了精神疾病。小美有权要求饭店支付精神损害赔偿吗？

民法典规定，因当事人一方的违约行为，损害对方人格权并造成严重精神损害，受损害方选择请求其承担违约责任的，不影响受损害方请求精神损害赔偿。小美去饭店吃饭，饭店应该保证小美用餐时的人身安全。但是，饭店没有尽到义务，构成违约。饭店损害了小美的人格权，并因此造成小美严重的精神损害，小美有权要求饭店承担精神损害赔偿。

民法典第996条

33 什么是性骚扰？民法典规定了哪些预防、处理性骚扰的制度？

小芳是个可爱的小姑娘，大家都很喜欢她。某天放学后，老师把小芳单独叫到教师办公室。之后，老师对小芳动手动脚，并说一些黄色笑话。小芳想起了自己学过的安全常识，赶紧逃走了。老师的行为构成性骚扰吗？民法典对性骚扰是如何规定的？

民法典规定，违背他人意愿，以言语、文字、图像、肢体行为等方式对他人实施性骚扰的，受害人有权依法请求行为人承担民事责任。机关、企业、学校等单位应当采取合理的预防、受理投诉、调查处置等措施，防止和制止利用职权、从属关系等实施性骚扰。老师的行为构成对小芳的性骚扰，小芳有权要求其承担民事责任，学校也应该采取相应的处置措施。

民法典第1010条

34 超市等经营场所可以搜查客户的身体吗？

一天放学后，婷婷一个人去超市帮妈妈买日用品。结账后准备离开时，一名保安过来拦住婷婷，保安说怀疑婷婷偷拿东西没有结账，并强行对婷婷搜身检查。婷婷有权要求行为人承担民事责任吗？

民法典规定，以非法拘禁等方式剥夺、限制他人的行动自由，或者非法搜查他人身体的，受害人有权依法请求行为人承担民事责任。所以，超市保安无权搜查婷婷的身体，婷婷有权要求其承担民事责任。

民法典第1011条

35 未经他人许可使用他人名字做广告，是否构成侵权？

韩良获得了新概念作文的一等奖，好多培训班想请韩良做广告，都被他拒绝了。一天，他突然发现，一个培训班打着自己的旗号招生，培训班借用韩良名字做广告的行为是否构成对韩良的侵权？

民法典规定，任何组织或者个人不得以干涉、盗用、假冒等方式侵害他人的姓名权或者名称权。培训班未经韩良许可，使用他的姓名，侵犯了韩良的姓名权。

民法典第1014条

36 "AI换脸"侵害人格权吗?

小花长得非常漂亮,喜欢在网上晒自己的照片。这一天,朋友给她发了一个医疗美容的广告视频,视频中做介绍的居然是小花自己,视频中的"小花"说自己是在一家整形医院做整形才变得这么美。小花的父母找到整形医院,才知道他们是用了"AI换脸"的技术,整形医院的行为是否侵害了小花的人格权?

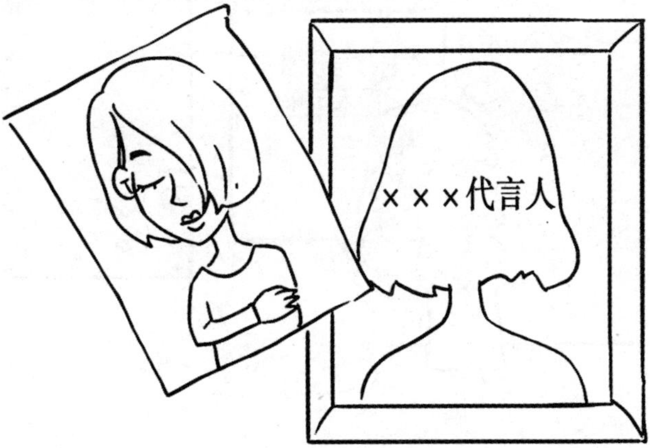

民法典规定,任何组织或者个人不得以丑化、污损,或者利用信息技术手段伪造等方式侵害他人的肖像权。未经肖像权人同意,不得制作、使用、公开肖像权人的肖像,但是法律另有规定的除外。未经肖像权人同意,肖像作品权利人不得以发表、复制、发行、出租、展览等方式使用或者公开肖像权人的肖像。故整形医院"AI换脸"的行为侵害了小花的人格权。

民法典第1019条

37 什么是名誉权？民法典是如何保护公民的名誉权的？

吴老师教书育人 20 年，桃李满天下。小丹是吴老师的学生，平时成绩很好，但是中考没有考好，小丹妈妈非常要强，不接受这个事实，到处散播吴老师误人子弟、收学生家长钱物等谣言，还张贴大字报，小丹妈妈的行为是否侵犯了吴老师的名誉权？

民法典规定，民事主体享有名誉权。任何组织或者个人不得以侮辱、诽谤等方式侵害他人的名誉权。名誉是对民事主体的品德、声望、才能、信用等的社会评价。小丹妈妈的行为侵犯了吴老师的名誉权。

民法典第1024条

38 什么是荣誉权？民法典是如何保护公民的荣誉权的？

小站的爷爷曾经是一名战斗英雄，获得过无数的荣誉。这一天，小站的作文《我的爷爷——我最敬佩的人》被老师评为范文，在全校朗读。同桌小鹏酸溜溜地说，这肯定是你编的。小站拿出爷爷佩戴奖章的照片，小鹏说，这肯定是你修改的，你爷爷就是一个糟老头子。小鹏的行为是否侵犯了小站爷爷的荣誉权？

民法典规定，民事主体享有荣誉权。任何组织或者个人不得非法剥夺他人的荣誉称号，不得诋毁、贬损他人的荣誉。小站爷爷获得的荣誉称号，属于其荣誉，小鹏诋毁、贬损，侵犯了小站爷爷的荣誉权。

民法典第1031条第1款

39 什么是隐私？民法典是如何保护公民的隐私权的？

可可的爸爸妈妈离婚了，可可跟着奶奶生活。可可很难过，不想让任何人知道这件事。可可同班同学张大嘴家跟可可奶奶家是对门，张大嘴从妈妈那里知道了可可爸爸妈妈离婚的事情，就偷偷告诉了班里的很多同学，大家在背后对可可指指点点。张大嘴的行为有没有侵犯可可的隐私权？

民法典规定，自然人享有隐私权。任何组织或者个人不得以刺探、侵扰、泄露、公开等方式侵害他人的隐私权。隐私是自然人的私人生活安宁和不愿为他人知晓的私密空间、私密活动、私密信息。可可不希望大家知道自己爸爸妈妈离婚的事，这是她的隐私。张大嘴故意公开了这件事，侵犯了可可的隐私权。

民法典第1032条

40 反复打电话、发信息推销产品的人给别人的生活带来不便，其行为是否违反了民法典的规定？

星星的妈妈曾经给星星报过一个课外辅导班，并登记过自己的手机号码。之后，星星妈妈总是收到辅导班的推销电话和短信。星星妈妈多次告知他们不要再打电话、发信息了。但是，辅导班还是不断发信息。辅导班的行为是否违反了民法典的规定？

民法典规定，除法律另有规定或者权利人明确同意外，任何组织或者个人不得实施下列行为：(1) 以电话、短信、即时通讯工具、电子邮件、传单等方式侵扰他人的私人生活安宁；(2) 进入、拍摄、窥视他人的住宅、宾馆房间等私密空间；(3) 拍摄、窥视、窃听、公开他人的私密活动；(4) 拍摄、窥视他人身体的私密部位；(5) 处理他人的私密信息；(6) 以其他方式侵害他人的隐私权。因此，辅导班的行为违反了民法典的规定。

民法典第1033条

41 什么是个人信息？民法典如何保护自然人的个人信息？

小阳需要注册一个用户名，系统要求他提供身份证号码。小阳输入自己的身份证号码，却被告知该身份证号已被注册。但是，小阳没有注册过，后经调查，小阳的身份证号码被盗用了。身份证号码是受民法典保护的个人信息吗？

民法典规定，自然人的个人信息受法律保护。个人信息是以电子或者其他方式记录的能够单独或者与其他信息结合识别特定自然人的各种信息，包括自然人的姓名、出生日期、身份证件号码、生物识别信息、住址、电话号码、电子邮箱、健康信息、行踪信息等。个人信息中的私密信息，适用有关隐私权的规定；没有规定的，适用有关个人信息保护的规定。因此，身份证号码是受法律保护的个人信息，盗用小阳身份证号码的人侵犯了小阳的权利。

民法典第1034条

第五编　婚姻家庭

婚姻家庭编调整的是婚姻家庭关系和亲属关系。

婚姻家庭关系涉及家家户户的利益。

民法典婚姻家庭编在婚姻法和收养法的基础上完善而成。

婚姻家庭编共 5 章、79 条。

42 父母不履行抚养义务的，未成年子女有要求父母给付抚养费的权利吗？

小菊今年10周岁，其母亲过世后，其父亲将其放在爷爷家，对其不管不顾。小菊可以要求父亲给付抚养费吗？

民法典规定，父母不履行抚养义务的，未成年子女有要求父母给付抚养费的权利。小菊的父亲不履行对小菊的抚养义务，小菊有权利要求父亲支付抚养费。

民法典第1067条

43 未成年子女造成他人损害的，父母应当依法承担民事责任吗？

三年级的小齐在班里蛮横霸道。一天，他将同班同学小刚打伤，小刚痛哭。小齐的父母应该对儿子对他人造成的损害承担民事责任吗？

民法典规定，父母有教育、保护未成年子女的权利和义务。未成年子女造成他人损害的，父母应当依法承担民事责任。故小齐的父母应该对小齐打伤小刚的行为承担民事责任。

民法典第1068条

44 子女可以干涉父母离婚、再婚吗？

金某与银某婚后育有一女。二人因故决定离婚。女儿得知此事大哭大闹，甚至以死相逼，不让二人离婚。女儿有权利干涉父母离婚的决定吗？

民法典规定，子女应当尊重父母的婚姻权利，不得干涉父母离婚、再婚以及婚后的生活。子女对父母的赡养义务，不因父母的婚姻关系变化而终止。故女儿不得干涉金某与银某离婚。

民法典第1069条

45 非婚生子女与婚生子女享有的权利一样吗？

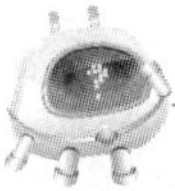

小张夫妻俩婚内育有一女彤彤。后小张将其非婚生的儿子亮亮接回家，四人生活在一起。作为非婚生子女的亮亮，在权利上与彤彤有什么不同吗？

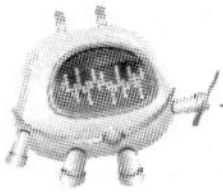

民法典规定，非婚生子女享有与婚生子女同等的权利，任何组织或者个人不得加以危害和歧视。故亮亮与彤彤享有同等的权利。

民法典第1071条第1款

46 不直接抚养非婚生子女的生父或者生母，应当负担未成年子女的抚养费吗？

11 岁的小丽是非婚生子女，其同父亲共同生活，由父亲直接抚养。小丽的母亲是否应当承担其抚养费呢？

民法典规定，不直接抚养非婚生子女的生父或者生母，应当负担未成年子女或者不能独立生活的成年子女的抚养费。故小丽的母亲应当承担其抚养费。

民法典第1071条第2款

47 继父母和继子女之间有怎样的权利义务关系？

袁园和方芳都有一段失败的婚姻，并且各自带着一个未成年孩子。后来，他们鼓起勇气再次走进婚姻。袁园总是担心方芳这个“后妈”会虐待自己的儿子，但是方芳是个善良的女人，把袁园的儿子当成了自己的孩子。那么，在法律上，袁园的儿子也同方芳的亲生子一样享有权利吗？

民法典规定，继父母与继子女间，不得虐待或者歧视。继父或者继母和受其抚养教育的继子女间的权利义务关系，适用民法典关于父母子女关系的规定。虽然方芳不是袁园儿子的亲生母亲，但是民法典规定他们之间的权利义务与亲生父母子女是一样的。我们希望，在民法典的保护下，在袁园、方芳的关爱下，两个孩子能够健康、快乐地成长。

民法典第1072条

48 有负担能力的祖父母、外祖父母，对于父母已经死亡或者父母无力抚养的未成年孙子女、外孙子女，有抚养的义务吗？

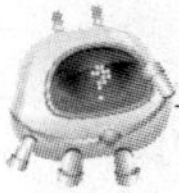

小芬 9 岁时父母双亡，身边只有爷爷奶奶，便同爷爷奶奶一同生活。小芬的爷爷奶奶对其有抚养义务吗？

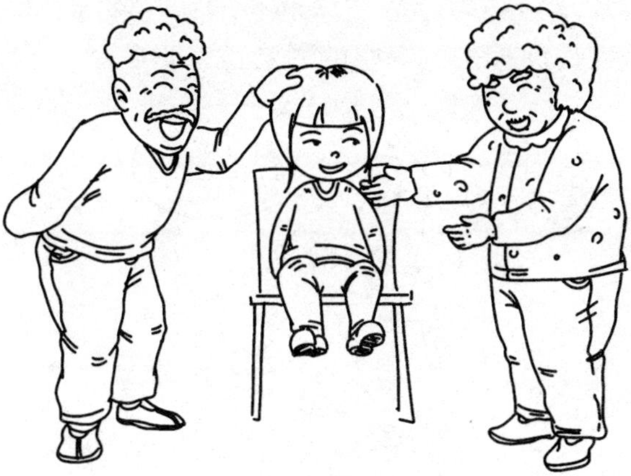

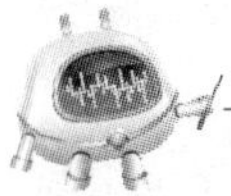

民法典规定，有负担能力的祖父母、外祖父母，对于父母已经死亡或者父母无力抚养的未成年孙子女、外孙子女，有抚养的义务。故小芬的爷爷奶奶对其有抚养义务。

民法典第1074条第1款

49 父母离婚之后，不直接抚养子女的一方应当承担抚养费吗？

倩倩的爸爸妈妈离婚时，爸爸的经济条件更好，他表示愿意承担倩倩大部分的抚养费，法院判决倩倩由爸爸抚养，并承担大部分抚养费。后来，倩倩的爸爸出了车祸，工作也没了，倩倩找到妈妈，希望妈妈承担抚养费。妈妈说，法院把你判给了你爸，找你爸去！妈妈的说法正确吗？

民法典规定，离婚后，子女由一方直接抚养的，另一方应当负担部分或者全部抚养费。负担费用的多少和期限的长短，由双方协议；协议不成的，由人民法院判决。前款规定的协议或者判决，不妨碍子女在必要时向父母任何一方提出超过协议或者判决原定数额的合理要求。虽然法院判决倩倩由爸爸直接抚养，但是倩倩在必要时也有权向妈妈提出超过判决原定数额的合理要求。

民法典第1085条

50 父母与子女间的关系因父母离婚而消除吗？

小青的父母要离婚了。小青为此很苦恼，她害怕父母离婚后，自己和妈妈共同生活，就没有爸爸了。小青这样的担心是对的吗？

民法典规定，父母与子女间的关系，不因父母离婚而消除。离婚后，子女无论由父或者母直接抚养，仍是父母双方的子女。故小青不用担心，即使父母离婚，其与父母的关系也不会消除。

民法典第1084条第1款

51 离婚后，子女由一方直接抚养的，另一方应当负担抚养费吗？

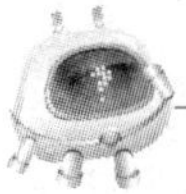

小李夫妻俩协议离婚，二人婚内育有一子。二人协议由女方抚养孩子。男方小李应该负担孩子的抚养费吗？

民法典规定，离婚后，子女由一方直接抚养的，另一方应当负担部分或者全部抚养费。负担费用的多少和期限的长短，由双方协议；协议不成的，由人民法院判决。故小李与妻子离婚后仍应负担孩子的抚养费。

民法典第1085条第1款

52 离婚后，不直接抚养子女的一方如何行使探望子女的权利？

张甲和唐乙结婚后育有一子。后二人因故离婚，儿子被判给唐乙抚养。但因唐乙对张甲仍心怀怨念，每次张甲想探望儿子，都会被唐乙百般阻挠。唐乙这样的做法正确吗？

民法典规定，离婚后，不直接抚养子女的父或者母，有探望子女的权利，另一方有协助的义务。行使探望权利的方式、时间由当事人协议；协议不成的，由人民法院判决。故唐乙的做法不合法。张甲有探望子女的权利，唐乙应该协助张甲。

民法典第1086条第1款

53 父或者母探望子女，不利于子女身心健康的，可以要求其中止探望吗？

小皮的父母离婚后，其与母亲共同生活，其父亲定期探望他并支付抚养费。近期小皮父亲工作不顺心，探望小皮时常打骂他，小皮身体受到伤害的同时幼小的心灵也受到了打击。小皮母亲可以要求小皮父亲中止探望吗？

民法典规定，父或者母探望子女，不利于子女身心健康的，由人民法院依法中止探望；中止的事由消失后，应当恢复探望。故小皮母亲可以向法院提出申请中止小皮父亲探望小皮。

民法典第1086条第3款

54 丧失父母的孤儿可以被收养吗？

小美的父母在一场车祸中丧生，原本幸福美满的家庭突然破碎。小美可以被收养，重新感受来自家庭的照顾与温暖吗？

民法典规定，丧失父母的孤儿可以被收养。故小美可以依法被收养。

民法典第1093条第1项

55 收养的条件是什么？

顾甲和许乙婚后育有一女，生活幸福美满。二人近年想再要一个孩子，但始终不成功，最终决心领养一个男孩，凑成一个“好”字。民法典对一般情况的收养有什么规定呢？

民法典规定，收养人应当同时具备下列条件：（1）无子女或者只有一名子女；（2）有抚养、教育和保护被收养人的能力；（3）未患有在医学上认为不应当收养子女的疾病；（4）无不利于被收养人健康成长的违法犯罪记录；（5）年满 30 周岁。无子女的收养人可以收养两名子女；有子女的收养人只能收养一名子女。收养孤儿、残疾未成年人或者儿童福利机构抚养的查找不到生父母的未成年人，可以不受前款和本法第 1098 条第 1 项规定的限制。

民法典第1098条、第1100条

56 收养人在被收养人成年以前可以解除收养关系吗？

小李 3 年前通过合法手续收养了当时 7 周岁的小果。现在小李因不想继续抚养小果，提出要与小果解除收养关系。这种做法符合民法典的规定吗？

民法典规定，收养人在被收养人成年以前，不得解除收养关系，但是收养人、送养人双方协议解除的除外。故小李不能仅凭自己的意愿就与小果解除收养关系。

民法典第1114条第1款

57 收养人不履行抚养义务，有虐待、遗弃等侵害未成年养子女合法权益行为的，送养人应该怎么办？

老张收养了 12 周岁的小宝。老张平日喝了酒会动手打小宝，小宝痛苦不堪却又不知道该怎么办。民法典对这种情况是怎么规定的？

民法典规定，收养人不履行抚养义务，有虐待、遗弃等侵害未成年养子女合法权益行为的，送养人有权要求解除养父母与养子女间的收养关系。送养人、收养人不能达成解除收养关系协议的，可以向人民法院提起诉讼。故小宝的送养人可以按此规定处理。

民法典第1014条第2款

第六编　继承

继承制度是关于自然人死亡后财富传承的制度。

随着经济的发展，继承问题引发了越来越高的社会关注。

民法典继承编在继承法的基础上完善而成。

继承编共 4 章、45 条。

58 继承人可以放弃继承遗产吗？

小依的父母在其年幼时离异，小依一直跟着母亲生活，其父多年来对其置之不理。小依母子俩一直过着清贫的生活，有时实在没有生活费了，小依只能拉下脸去向父亲要钱，但得到的只是一顿打骂。后小依父亲病逝，他出于对小依的歉意，在遗嘱中写明，将自己名下两套房产分给小依。小依心中难以释怀对父亲的恨意，不愿意接受这笔遗产。小依可以放弃对遗产的继承吗？

民法典规定，继承开始后，继承人放弃继承的，应当在遗产处理前，以书面形式作出放弃继承的表示；没有表示的，视为接受继承。受遗赠人应当在知道受遗赠后60日内，作出接受或者放弃受遗赠的表示；到期没有表示的，视为放弃受遗赠。故小依可以放弃继承遗产，但须在遗产处理前以书面形式作出放弃继承的表示。

民法典第1124条

59 什么情形下继承人会丧失继承权？

慕容云出身豪门，近日他爷爷的突然过世让本就不平静的家族又起一浪。各继承人之间为争夺财产不惜大打出手。慕容云好奇，有哪些行为时，继承人会丧失继承权呢？

民法典规定，继承人有下列行为之一的，丧失继承权：(1) 故意杀害被继承人；(2) 为争夺遗产而杀害其他继承人；(3) 遗弃被继承人，或者虐待被继承人情节严重；(4) 伪造、篡改、隐匿或者销毁遗嘱，情节严重；(5) 以欺诈、胁迫手段迫使或者妨碍被继承人设立、变更或者撤回遗嘱，情节严重。继承人有前款第 3 项至第 5 项行为，确有悔改表现，被继承人表示宽恕或者事后在遗嘱中将其列为继承人的，该继承人不丧失继承权。受遗赠人有本条第 1 款规定行为的，丧失受遗赠权。

民法典第1125条

60　有些地方有财产“传男不传女”的传统，女孩有继承权吗？

付迪莫有一个弟弟，父母重男轻女，溺爱弟弟。付迪莫早早工作挣钱补贴家里，母亲生病后她也一直照顾母亲。弟弟在家什么都不做，也从不照顾父母。母亲去世不久，父亲也病危了，但是父亲说家里的老房子和钱都会给弟弟，付迪莫没有继承权。那么，付迪莫有继承权吗？

民法典规定，继承权男女平等。付迪莫对父母尽到了赡养的义务，作为父母的子女，对父母的财产依法享有继承权，父亲的说法是错误的。

民法典第1126条

61 儿子早逝，孙子能代替父亲继承爷爷的财产吗？

朱元有 3 个儿子，分别为朱标、朱迪、朱英，长子朱标英年早逝，留下一个儿子朱文。朱元突然去世，朱文可以继承朱元的遗产吗？

民法典规定，被继承人的子女先于被继承人死亡的，由被继承人的子女的直系晚辈血亲代位继承。被继承人的兄弟姐妹先于被继承人死亡的，由被继承人的兄弟姐妹的子女代位继承。代位继承人一般只能继承被代位继承人有权继承的遗产份额。朱标去世之后，其子朱文可以代位继承朱元的遗产，但是其继承的份额一般只能是朱标原来的份额。

民法典第1128条

62 对被继承人尽了主要扶养义务或者与被继承人共同生活的继承人，分配遗产时，可以多分吗？

邓奶奶膝下有 4 个儿子和 1 个女儿。自从邓奶奶老伴去世后，她女儿就将其接到自己家一同生活，无微不至地照料。后邓奶奶去世，生前未立遗嘱。分配遗产时，邓奶奶的女儿可以多分吗？

民法典规定，对被继承人尽了主要扶养义务或者与被继承人共同生活的继承人，分配遗产时，可以多分。故邓奶奶的女儿在分配遗产时可以多分。

民法典第1130条第3款

63 遗嘱有哪些形式？有多份遗嘱的，以哪一份为准呢？

乔老爷子一共有 6 个子女，他去世之后，每个子女各拿出一份遗嘱，主张乔老爷子把遗产留给了自己。那么，以哪一份遗嘱为准呢？

民法典规定，遗嘱可以有多种形式，包括口头遗嘱、公证遗嘱、打印遗嘱、代书遗嘱、录音录像遗嘱、自书遗嘱，这些形式都是合法的。遗嘱人可以撤回、变更自己所立的遗嘱。立遗嘱后，遗嘱人实施与遗嘱内容相反的民事法律行为的，视为对遗嘱相关内容的撤回。立有数份遗嘱，内容相抵触的，以最后的遗嘱为准。乔老爷子的 6 个子女所持遗嘱如果经鉴定都是合法的，那就应当以最后的那份遗嘱为准。

民法典第1134~1139条、第1142条

第七编　侵权责任

侵权责任是民事主体侵害他人权益应当承担的后果。民法典侵权责任编在侵权责任法的基础上完善而成。侵权责任编共 10 章、95 条。

64 自愿参加具有一定风险的文体活动受伤的，其他参与者要承担侵权责任吗？

小强长得很瘦弱，总是生病，影响学习生活。他决定学习拳击，希望能够强身健体。这一天，他在拳馆练习拳击的过程中，被同伴打成软组织挫伤。同伴需要承担侵权责任吗？

民法典规定，自愿参加具有一定风险的文体活动，因其他参加者的行为受到损害的，受害人不得请求其他参加者承担侵权责任；但是，其他参加者对损害的发生有故意或者重大过失的除外。故小强的同伴没有故意或者重大过失的，不承担侵权责任。

民法典第1176条第1款

65 紧急情况下，可以进行自力救济吗？

小皮中考成绩很好，爸爸奖励他一辆自行车。这一天，小皮骑车上学，路上鞋带开了，小皮把车支好，蹲在旁边系鞋带。突然蹿出一个人，骑上小皮的车就跑。情急之下，小皮扯下这个人的包。小皮的做法正确吗？

民法典规定，合法权益受到侵害，情况紧迫且不能及时获得国家机关保护，不立即采取措施将使其合法权益受到难以弥补的损害的，受害人可以在保护自己合法权益的必要范围内采取扣留侵权人的财物等合理措施；但是，应当立即请求有关国家机关处理。受害人采取的措施不当造成他人损害的，应当承担侵权责任。故小皮自力救济的行为是合法的，并应当马上报警处理。

民法典第1177条

66 造成他人人身损害的，应当承担哪些赔偿费用？

胖虎是学校里的“小霸王”，大雄总被胖虎欺负，但是都忍气吞声，不敢声张。这一次，胖虎变本加厉，用棒球棒打伤了大雄，大雄伤得很厉害。大雄的好朋友哆啦路过，看到了这一幕，他扶起大雄，并为大雄出头，要求胖虎承担赔偿。胖虎应当承担哪些赔偿费用呢？

民法典规定，侵害他人造成人身损害的，应当赔偿医疗费、护理费、交通费、营养费、住院伙食补助费等为治疗和康复支出的合理费用，以及因误工减少的收入。造成残疾的，还应当赔偿辅助器具费和残疾赔偿金；造成死亡的，还应当赔偿丧葬费和死亡赔偿金。因此，应当根据大雄受伤情况和实际的费用计算胖虎应当承担的赔偿费用。

民法典第1179条

67 心爱的物品被人损坏，精神上也受到严重损害的，可以要求损坏人赔偿吗？

白雪的父亲在她很小的时候就去世了，母亲再婚，继父经常虐待白雪，白雪只能捧着父亲的唯一遗物默默流泪。这一天，白雪正捧着父亲的遗物哭，被继父看到，继父摔碎了白雪父亲的遗物，白雪精神崩溃，患上了严重的精神疾病，可以要求继父赔偿吗？

民法典规定，侵害自然人人身权益造成严重精神损害的，被侵权人有权请求精神损害赔偿。因故意或者重大过失侵害自然人具有人身意义的特定物造成严重精神损害的，被侵权人有权请求精神损害赔偿。白雪父亲的遗物对于白雪有特殊的意义，继父故意损坏，给白雪造成严重的精神损害，白雪有权要求继父给予精神损害赔偿。**民法典第1183条**

68 侵害他人财产的，应该如何计算财产损失呢？

小熊和小毛在一起玩耍，小熊笨手笨脚，弄坏了小毛的布娃娃。小毛要求小熊赔偿，小熊答应了。但是，小毛说这个布娃娃价值 1 万元，小熊很生气，说一个布娃娃怎么那么贵啊。那么，如何计算小毛受到的损失呢？

民法典规定，侵害他人财产的，财产损失按照损失发生时的市场价格或者其他合理方式计算。因此，应当根据市场价格或者其他合理的方式计算小毛受到的损失。

民法典第1184条

69 无民事行为能力人、限制民事行为能力人造成他人损害的，如何承担侵权责任？

小贝和小西在公园里玩耍，二人的父母在远处的树荫下谈笑风生。玩闹过程中，小西用木棍打伤了小贝的头，小贝跪坐在地上大哭，小西的家长也前来查看情况。小西只有 9 岁，应该如何承担侵权责任？

民法典规定，无民事行为能力人、限制民事行为能力人造成他人损害的，由监护人承担侵权责任。监护人尽到监护职责的，可以减轻其侵权责任。有财产的无民事行为能力人、限制民事行为能力人造成他人损害的，从本人财产中支付赔偿费用；不足部分，由监护人赔偿。小西只有 9 岁，故小西的父母作为监护人，应当承担侵权责任。

民法典第1188条

70 利用网络侵害他人民事权益的，应当承担侵权责任吗？

小左和小右是班里学习最好的两个人，成绩总是不相上下。但是，小左最近获得了作文竞赛全国第一名，风头盖过了小右。小右很生气，就在网站上编造小左的获奖作文是请人代笔的等不实信息。小左知道了很生气，他能要求小右承担侵权责任吗？

民法典规定，网络用户、网络服务提供者利用网络侵害他人民事权益的，应当承担侵权责任。法律另有规定的，依照其规定。小右利用网络实施了侵害小左名誉权的行为，应当承担侵权责任。

民法典第1194条

71 在宾馆、商场等地方受到损害，可以要求宾馆、商场承担侵权责任吗？

小寒跟爸爸妈妈一起出去旅游，准备入住一家宾馆。小寒通过旋转门的时候，门突然失灵，停住了，夹伤了小寒的腿，爸爸妈妈赶紧把小寒送去医院。对于小寒受到的损害，宾馆要承担责任吗？

民法典规定，宾馆、商场、银行、车站、机场、体育场馆、娱乐场所等经营场所、公共场所的经营者、管理者或者群众性活动的组织者，未尽到安全保障义务，造成他人损害的，应当承担侵权责任。因第三人的行为造成他人损害的，由第三人承担侵权责任；经营者、管理者或者组织者未尽到安全保障义务的，承担相应的补充责任。经营者、管理者或者组织者承担补充责任后，可以向第三人追偿。故对于小寒受到的损害，宾馆要承担责任。

民法典第1198条

72 无民事行为能力人在学校受到老师的侵害，可以要求学校承担责任吗？

冰冰是个 7 岁的小女孩，长得非常可爱。但是，学校的老师很不喜欢她，经常打骂她，冰冰的身心都受到了很大的伤害。这一天，冰冰的妈妈发现了这个事情，气愤不已，找到学校理论，她可以要求学校承担赔偿责任吗？

民法典规定，无民事行为能力人在幼儿园、学校或者其他教育机构学习、生活期间受到人身损害的，幼儿园、学校或者其他教育机构应当承担侵权责任；但是，能够证明尽到教育、管理职责的，不承担侵权责任。冰冰只有 7 岁，是无民事行为能力人，冰冰在学校期间受到老师的人身伤害，学校应当承担侵权责任。

民法典第1199条

73 学生在辅导班学习期间受到人身损害的，辅导班要承担侵权责任吗？

小勇 9 岁了，他参加了一个课外辅导班，课外辅导班开在一个破旧的房子里，房子前面的路坑坑洼洼，很不好走，家长跟辅导班反映了好多次，希望他们修理，辅导班都置之不理。这一天，小勇上课时路过这里，被绊倒，摔掉了两颗门牙。对此，辅导班要承担责任吗？

民法典规定，限制民事行为能力人在学校或者其他教育机构学习、生活期间受到人身损害，学校或者其他教育机构未尽到教育、管理职责的，应当承担侵权责任。小勇在上辅导班期间受到损害，辅导班没有尽到管理职责，故应当承担侵权责任。

民法典第1200条

74 学生在学校被第三人伤害的，谁来承担侵权责任？

咕咕今年 10 周岁，上小学四年级。这一天，一个男人冲向咕咕的学校，对校园里的人不分青红皂白一通乱砍，咕咕也被砍伤，后来被送到医院救治。谁应该承担咕咕被伤害的责任呢？

民法典规定，无民事行为能力人或者限制民事行为能力人在幼儿园、学校或者其他教育机构学习、生活期间，受到幼儿园、学校或者其他教育机构以外的第三人人身损害的，由第三人承担侵权责任；幼儿园、学校或者其他教育机构未尽到管理职责的，承担相应的补充责任。幼儿园、学校或者其他教育机构承担补充责任后，可以向第三人追偿。故由行凶的男人承担侵权责任，学校承担补充责任。

民法典第1201条

75 购买的产品存在缺陷并因此受到损害的，应当要求生产者还是销售者赔偿？

小鸥过生日，妈妈买了一块电话手表送给他。小鸥刚把手表拿起来，手表就爆炸了，小鸥妈妈赶紧带他去医院包扎，还好伤势不重。小鸥妈妈找到卖手表的商店要求赔偿，售货员却说不是他们的责任。那么，小鸥妈妈应该找谁赔偿呢？

民法典规定，因产品存在缺陷造成他人损害的，被侵权人可以向产品的生产者请求赔偿，也可以向产品的销售者请求赔偿。所以，小鸥妈妈既可以要求卖手表的商店赔偿，也可以要求手表的生产商赔偿。

民法典第1203条第1款

76 机动车发生交通事故造成损害，且属于机动车一方责任的，应当如何赔偿？

小马开车总是不遵守交通规则，这一天他因为着急又闯了红灯，撞倒了正在正常通过马路的小路。对于小路受到的损害，应当如何赔偿？

民法典规定，机动车发生交通事故造成损害，属于该机动车一方责任的，先由承保机动车强制保险的保险人在强制保险责任限额范围内予以赔偿；不足部分，由承保机动车商业保险的保险人按照保险合同的约定予以赔偿；仍然不足或者没有投保机动车商业保险的，由侵权人赔偿。故对小路受到的损害，应按以上顺序赔偿。

民法典第1213条

77 无偿搭乘别人的车受到损害的，可否要求开车人赔偿？

小金和小银是同班同学，又是邻居，关系特别好。小金和小银上下学总是互相搭对方家里的车。一天，小金搭小银爸爸开的车放学回家。半路遇到路面湿滑，小银爸爸的车打滑撞向路旁大树，小金受了轻伤。小银爸爸需要赔偿小金吗？

民法典规定，非营运机动车发生交通事故造成无偿搭乘人损害，属于该机动车一方责任的，应当减轻其赔偿责任，但是机动车使用人有故意或者重大过失的除外。故小银爸爸应当赔偿小金，但是应适当减轻赔偿责任。

民法典第1217条

78 患者因为医生的过错受到损害的，应当由谁承担赔偿责任？

小怜 7 周岁的时候因为生病做了一场手术。手术之后一直肚子疼，就来医院做检查，才发现，因为手术医生的疏忽，把一块医用棉球落在了小怜肚子里，需要再次做手术取出。对小怜受到的损害，谁应当承担责任？

民法典规定，患者在诊疗活动中受到损害，医疗机构或者其医务人员有过错的，由医疗机构承担赔偿责任。因为医生的过错，小怜受到损害，应当由医疗机构承担赔偿责任。

民法典第1218条

79 医生在正常诊疗活动中遇到“医闹”，可以要求其承担法律责任吗？

李医生是一名儿科大夫，每天尽心尽责为患者治病。有一名小患者，治疗效果一直不太好，患者的父亲非常气愤，总是在李医生给病人看病的时候骚扰他，扰乱了医疗秩序。患者父亲需要承担法律责任吗？

民法典规定，医疗机构及其医务人员的合法权益受法律保护。干扰医疗秩序，妨碍医务人员工作、生活，侵害医务人员合法权益的，应当依法承担法律责任。患者父亲干扰了医疗秩序，妨碍了李医生的工作，应当依法承担法律责任。

民法典第1228条

80 因为环境污染受到损害，可以要求侵权人承担责任吗？

小何今年刚刚 3 周岁，原本身体健康、虎头虎脑。但是，3 个月前，家门口搬来一家污水处理厂，污水排放到小何他们每天用水的河里，村里很多人都生病了。小何因为年纪小，病得更重。污水处理厂需要对此承担责任吗？

民法典规定，因污染环境、破坏生态造成他人损害的，侵权人应当承担侵权责任。污水处理厂将河水污染，导致小何生病，其应该承担相应的责任。

民法典第1229条

81 未经许可进入高度危险活动区域，导致自己受伤的，还能要求管理人承担责任吗？

小刚和小柔的家离学校很近，但是，地铁施工，把道路封锁了，他们上学要绕很远的路。这一天，小刚拉着小柔，翻过了工地的防护网，想从工地穿过，可以少走点儿路。但是，小刚不小心被工地的石块砸到，昏倒在地。小刚能够要求施工方承担责任吗？

民法典规定，未经许可进入高度危险活动区域或者高度危险物存放区域受到损害，管理人能够证明已经采取足够安全措施并尽到充分警示义务的，可以减轻或者不承担责任。小刚未经允许进入高度危险活动区域，管理人已经做了防护并警示说明，可以减轻或者不承担责任。

民法典第1243条

82 故意逗弄别人的宠物，导致自己受伤的，宠物主人可以拒绝承担责任吗？

李阿姨养了一只叫丢丢的狗，她一直很注意看管丢丢，以免伤人。这一天，李阿姨带丢丢散步，小猛看丢丢呆呆的，就一直打丢丢的头寻开心。李阿姨多次劝阻小猛，还拉着丢丢试图离开，但小猛一直追打丢丢。丢丢终于发怒，咬伤了小猛。李阿姨可以免除责任吗？

民法典规定，饲养的动物造成他人损害的，动物饲养人或者管理人应当承担侵权责任；但是，能够证明损害是因被侵权人故意或者重大过失造成的，可以不承担或者减轻责任。小猛故意打丢丢，致使丢丢咬伤小猛，李阿姨已经多次劝阻并试图离开，都没能成功。小猛受伤是自己故意或者重大过失造成的，李阿姨可以不承担或者减轻责任。

民法典第1245条

83 遗弃的小动物把人咬伤的，谁来承担责任？

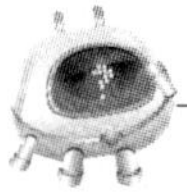

小明有段时间特别喜欢小狗，妈妈就给小明买了一只宠物狗。没过多久，小明就没了耐性，一天遛狗的时候故意把狗带到很远的地方丢掉。狗找不到小明，大喊大叫，还咬伤了路过的小美。受伤的小美可以要求小明承担责任吗？

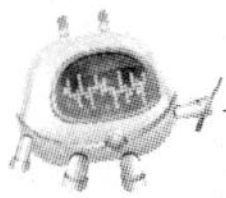

民法典规定，遗弃、逃逸的动物在遗弃、逃逸期间造成他人损害的，由动物原饲养人或者管理人承担侵权责任。小明遗弃的小狗把别人咬伤，作为原动物饲养人，应当承担侵权责任。

民法典第1249条

84　从楼上扔东西，造成他人损害的，要承担责任吗？

放暑假了，淘淘的爸爸妈妈都要上班，只能把淘淘一个人留在家里。淘淘一个人闲着没事，拿起阳台上的花盆往楼下扔。其中，一个花盆砸到了一辆汽车上，车顶的天窗被砸碎了，淘淘要承担责任吗？

民法典规定，禁止从建筑物中抛掷物品。从建筑物中抛掷物品或者从建筑物上坠落的物品造成他人损害的，由侵权人依法承担侵权责任；经调查难以确定具体侵权人的，除能够证明自己不是侵权人的外，由可能加害的建筑物使用人给予补偿。可能加害的建筑物使用人补偿后，有权向侵权人追偿。淘淘从楼上抛掷物品，砸坏了别人的汽车，应当承担侵权责任。

民法典第1254条

85 被果树上掉下的果子、树枝砸伤，应该找谁承担责任？

周末，琪琪跟爸爸妈妈去果园采摘，一个大苹果熟透了，连带树枝也折断了，从树上掉下来，砸伤了琪琪。琪琪被送到医院，花了不少医药费。对于琪琪受到的损害，应当由谁承担责任？

民法典规定，因林木折断、倾倒或者果实坠落等造成他人损害，林木的所有人或者管理人不能证明自己没有过错的，应当承担侵权责任。果园的负责人是果树的管理人，应该对琪琪受伤承担赔偿责任。

民法典第1257条

图书在版编目(CIP)数据

青少年的民法典:插图版/《青少年的民法典(插图版)》编写组编. --北京:法律出版社,2020
(走进民法典)
ISBN 978-7-5197-4835-7

Ⅰ.①青… Ⅱ.①青… Ⅲ.①民法-法典-中国-青少年读物 Ⅳ.①D923-49

中国版本图书馆CIP数据核字(2020)第146782号

青少年的民法典(插图版)
QINGSHAONIAN DE MINFADIAN(CHATUBAN)

本书编写组 编

策划编辑 林 蕊
责任编辑 林 蕊 周 洁
装帧设计 鲁 娟

出版 法律出版社
总发行 中国法律图书有限公司
经销 新华书店
印刷 中煤(北京)印务有限公司
责任校对 晁明慧 王 皓
责任印制 胡晓雅

编辑统筹 司法实务出版分社
开本 880毫米×1230毫米 1/32
印张 4.5
字数 91千
版本 2020年12月第1版
印次 2020年12月第1次印刷

法律出版社/北京市丰台区莲花池西里7号(100073)
网址/www.lawpress.com.cn
投稿邮箱/info@lawpress.com.cn
举报维权邮箱/jbwq@lawpress.com.cn
销售热线/400-660-8393
编辑电话/010-83938103

中国法律图书有限公司/北京市丰台区莲花池西里7号(100073)
全国各地中法图分、子公司销售电话:
统一销售客服/400-660-8393/6393
西安分公司/029-85330678
上海分公司/021-62071639/1636
第一法律书店/010-83938432/8433
重庆分公司/023-67453036
深圳分公司/0755-83072995

书号:ISBN 978-7-5197-4835-7
定价:26.00元